¡Mira!

Ruth Montgomery

¡Qué casa tan grande!

¡Qué jirafa tan grande!

¡Qué roca tan grande!

¡Qué árbol tan grande!

¡Qué lago tan grande!

(l) Jeff K Crow/Flickr/Getty Images (r) Jupiterimages/Comstock Images/Getty Images

¡Qué grande es todo aquí!

NASA/Goddard Space Flight Center Scientific Visualization Studio

¡Tenemos un país grande
y pequeño a la vez!